RÉPUBLIQUE FRANÇAISE

MINISTÈRE DE L'INTÉRIEUR

DIRECTION DE LA SÛRETÉ GÉNÉRALE

INSTRUCTION GÉNÉRALE

CONCERNANT L'APPLICATION DES DISPOSITIONS

DU DÉCRET DU 25 OCTOBRE 1924

RELATIF A LA

CARTE D'IDENTITÉ DES ÉTRANGERS

(Décret paru au *Journal officiel* du 1er novembre 1924.)

MELUN

IMPRIMERIE ADMINISTRATIVE

1924

RÉPUBLIQUE FRANÇAISE

MINISTÈRE DE L'INTÉRIEUR

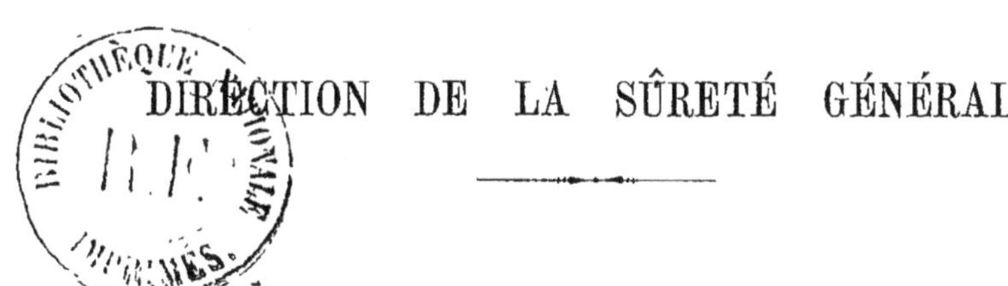

DIRECTION DE LA SÛRETÉ GÉNÉRALE

INSTRUCTION GÉNÉRALE

CONCERNANT L'APPLICATION DES DISPOSITIONS

DU DÉCRET DU 25 OCTOBRE 1924

RELATIF A LA

CARTE D'IDENTITÉ DES ÉTRANGERS

(Décret paru au *Journal officiel* du 1er novembre 1924.)

MELUN

IMPRIMERIE ADMINISTRATIVE

1924

INSTRUCTION GÉNÉRALE

POUR L'APPLICATION

DU DÉCRET DU 25 OCTOBRE 1924

Le décret du 2 avril 1917, qui a réglementé l'entrée et le séjour en France des étrangers, ayant été pris pendant la guerre, nombre de ses prescriptions sont peu à peu devenues caduques : la nécessité de le remanier (ainsi que celui du 6 juin 1922 sur les *travailleurs étrangers*) s'est alors fait sentir d'autant plus qu'il importait de faire concorder ses dispositions avec celles du projet de loi actuellement soumis au Parlement.

A cet effet, la distinction entre les étrangers venus pour leurs affaires ou leur plaisir et les *travailleurs* a été supprimée, du moins en ce qui concerne la nature de leur titre de séjour.

A l'avenir, il n'y aura plus qu'*une carte d'identité* délivrée uniquement par les préfets, et les formalités pour l'obtenir seront les mêmes pour toutes les catégories d'étrangers.

Les *travailleurs* bénéficieront, toutefois, de quelques facilités pour entrer en France et recevoir rapidement leur titre de séjour (chapitre II, page 13).

De même, un régime spécial, comportant quelques dérogations à la procédure ordinaire, a été institué en faveur des *touristes* (chapitre III, page 16).

Telles sont, avec la question du renouvellement périodique, les grandes lignes du décret du 25 octobre 1924.

A l'occasion de sa mise en application, il a paru utile de rapprocher toutes les circulaires actuellement en vigueur et de les codifier en une *Instruction générale* destinée à servir de *vade-mecum* aux autorités administratives chargées de la surveillance des étrangers.

Toute la réglementation antérieure ayant trait tant à la carte d'identité créée par le décret du 2 avril 1917 qu'à celle des *travailleurs* se trouve, par suite, remplacée par les dispositions contenues dans la présente *Instruction générale*.

Le but recherché a été de donner des directives nettes et claires permettant une application uniforme du décret sur tous les points du territoire ainsi que la suppression de toute correspondance inutile.

CHAPITRE PREMIER

Des étrangers en général.

A) PRINCIPES GÉNÉRAUX

Étrangers obligés de demander la carte d'identité.

Ainsi que l'indique très nettement l'article premier du décret *tout étranger devant résider en France plus de quinze jours et âgé de plus de quinze ans* est ténu de demander une carte d'identité.

Agents diplomatiques et consulaires et leurs familles.

Cette règle ne souffre d'exception qu'en faveur des agents diplomatiques et consulaires accrédités en France et des membres de leur famille (article 11).

Tous les étrangers, *à quelque autre catégorie qu'ils appartiennent,* doivent donc solliciter la carte d'identité si, âgés de plus de quinze ans, ils doivent séjourner dans notre pays plus de quinze jours.

Entrée régulière en France.

Il convient d'ajouter que la condition primordiale pour obtenir la délivrance de ce titre de séjour est, pour tout étranger, d'être entré en France d'une façon régulière c'est-à-dire en possédant une pièce d'identité ou un passeport, visé ou non, suivant les conventions intervenues entre la France et la puissance à laquelle il appartient. Toute infraction à cette disposition doit être sanctionnée (sauf cas particuliers à examiner) par le refoulement de celui qui l'a commise.

Droit accordé par la carte.

La carte d'identité, quelle que soit la durée de sa validité, donne à son titulaire le droit de circuler sur l'ensemble du territoire.

B) OBLIGATIONS DE L'ÉTRANGER

Demande de la carte d'identité.

Dans les quarante-huit heures de son arrivée au lieu de sa destination, l'étranger visé par la règle générale ci-dessus (âgé de plus de quinze ans et devant rester plus de quinze jours en France) *doit se rendre au commissariat de police (ou à son défaut à la mairie)* afin d'y accomplir les formalités nécessaires à la délivrance d'une carte d'identité.

Formalités.

A cet effet, il est tenu :

1° De faire la preuve de son entrée régulière sur le territoire ;

2° De présenter des pièces officielles établissant la véracité de son état civil ;

3° De donner toutes les indications qui pourront lui être demandées ;

4° De fournir quatre photographies, *très nettes, de face et sans chapeau*, de date récente et se rapportant bien à son aspect actuel ;

5° D'acquitter le montant de la taxe en vigueur.

Changement de domicile avant délivrance de la carte.

Si, dans l'intervalle qui s'écoulera entre la demande de la carte d'identité et sa délivrance, l'étranger change de domicile, il devra en aviser le commissaire de police (ou à son défaut, le maire) et lui faire connaître sa nouvelle adresse, afin que son titre de séjour puisse lui être remis sans retard et sans recherches inutiles.

C) Rôle de l'administration

Les divers travaux à accomplir par les autorités administratives se rapportent tous à trois points principaux : constitution du dossier de l'étranger, établissement de la carte d'identité et remise à son titulaire, points qu'il convient d'examiner séparément.

1° Constitution du dossier de l'étranger.

Fiches individuelles

Des fiches individuelles, jaunes et blanches, (les jaunes destinées aux archives de la préfecture et les blanches au Service central des cartes d'identité au Ministère de l'Intérieur) doivent se trouver dans tous les commissariats de police (ou à leur défaut dans les mairies) pour recevoir les déclarations des étrangers qui viennent solliciter la carte d'identité.

Toute demande de carte nécessite l'établissement d'une fiche individuelle de chaque nature, les indications à porter étant d'ailleurs peu différentes.

Établissement des fiches individuelles.

Les fiches individuelles sont remplies d'après les indications fournies par l'étranger qui sollicite la délivrance de la carte. Comme ces documents sont destinés à être consultés, il importe qu'ils soient écrits lisiblement et avec soin, que le nom du titulaire soit inscrit en caractères très apparents et que la femme mariée soit désignée sous le nom de son mari — son nom de jeune fille ne venant que pour ajouter une précision.

Ces fiches doivent être établies par les services administratifs et non par l'étranger lui-même.

Vérification :

En outre, le plus grand soin devra être apporté à la vérification, des indications fournies de la nationalité attribuée et de la situation au point de vue du marché du travail.

a) Des déclarations.

L'examen minutieux du titre de voyage (passeport visé ou non, ou pièce d'identité) exigé pour entrer en France, d'après les conventions en vigueur, montrera facilement si l'étranger a pénétré sur notre territoire d'une façon régulière, si ses déclarations sont sincères et si la durée de son séjour dans notre pays est limitée par une mention spéciale du visa.

b) De la nationalité

La vérification de la nationalité se fera en recherchant si celle indiquée sur le titre de voyage ou réclamée par l'intéressé est officiellement reconnue par le Gouvernement français. A cet effet, une liste, aussi complète que possible, est annexée à la présente Instruction.

Il conviendra d'examiner, très attentivement, si l'individu né en France mais se disant étranger n'aurait pas acquis notre nationalité par le jeu des différents paragraphes de l'article 8 du Code civil.

c) De la situation au point de vue du marché du travail :

1° Salariés ;

Tout salarié sera tenu de fournir un contrat de travail ou un certificat d'embauchage qui, pour être valable, devra être visé par l'Office départemental ou régional de placement ou le Service de la main-d'œuvre étrangère des Ministères du Travail et de l'Agriculture.

Les questions spéciales de la fiche individuelle jaune sont donc à remplir avec soin, leurs réponses devant être reportées sur la carte d'identité.

Si le certificat d'embauchage n'a pas été établi pour un temps déterminé, la mention *illimitée* devra figurer en regard de l'indication *durée*.

2° Non salariés.

Pour les étrangers qui déclareront ne pas occuper un emploi rémunéré, il y aura lieu de porter la mention suivante qui sera reproduite sur la carte d'identité *affirme qu'il n'est salarié à aucun titre*.

Réponses ux questions posées.

Il est de la plus haute importance qu'une réponse soit faite à toutes les questions portées sur les fiches individuelles afin d'éviter, par la suite, des demandes de renseignements faciles à éviter. Toutefois, l'indication de la durée de validité de la carte est réservée à la préfecture.

Photographies.

Après s'être assuré que les quatre photographies (*de face et sans chapeau*) remises par l'étranger se rapportent bien à lui et sont de date très récente, le fonctionnaire qui les reçoit en colle une sur le cadre spécial de chaque fiche individuelle, en réserve une autre pour le récépissé dont il sera parlé plus loin et épingle la dernière au bas de la fiche jaune après y avoir inscrit au crayon, au verso, le nom de son titulaire.

Envoi à la préfecture.

Les deux fiches individuelles (blanche et jaune) et le montant de la taxe perçue sont alors envoyés à la préfecture, seule chargée d'établir les cartes d'identité.

Du récépissé de demande de carte d'identité.

Ainsi que le prévoit l'article 1 du décret, récépissé de sa demande de carte est délivré à l'étranger.

A cet effet, le fonctionnaire qui en a reçu les déclarations remplit l'imprimé établi pour cet usage, en ayant soin :

1° De rayer la mention *renouvellement périodique de la carte d'identité n°.....* lorsqu'il s'agira d'une demande de carte d'identité faite pour la première fois ;

2° De coller dans le cadre réservé (en haut et à gauche) l'une des photographies qui lui ont été remises et de l'oblitérer au timbre humide, de façon à éviter toute substitution ultérieure ;

3° D'indiquer la limite de validité de ce titre de séjour. En principe le récépissé ne doit être valable que pour quinze jours, mais, au cas où il ne serait pas possible d'établir la carte dans ce laps de temps, ce délai pourra être augmenté et porté à un mois au maximum ;

4° D'apposer sa signature et son cachet sur ce document.

De son côté, l'étranger devra être invité à conserver avec soin son récépissé afin de pouvoir, par la suite, entrer en possession de sa carte d'identité.

2° *Établissement de la carte d'identité.*

Examen du dossier.

Dès la réception du dossier constitué par le commissariat de police (ou à son défaut par la mairie) les services de la préfecture devront, avant toute enquête préalable, s'assurer que les fiches individuelles (blanche et jaune) sont remplies avec soin et qu'aucune indication ne fait défaut, notamment en ce qui concerne les pièces authentiques d'identité, ainsi que la nature et la durée du visa accordé, pour les étrangers soumis à cette formalité.

Vérification de la nationalité.

Ils vérifieront ensuite si la nationalité indiquée est bien officiellement reconnue et si l'individu né hors du pays dont il se dit ressortissant a bien droit à la qualité qu'il s'attribue. (Examiner, en particulier, les différents cas relevant des paragraphes 3 et 4 de l'article 8 du Code civil.)

Délivrance de la carte par la préfecture.

Ainsi que le dit l'article 2 du décret, la carte d'identité est toujours établie par la préfecture et elle reproduit les mentions portées sur les fiches individuelles.

Établissement de la carte.

Ces mentions devront être inscrites très lisiblement afin de permettre une vérification rapide aux autorités administratives appelées à les examiner.

Timbre de taxe.

Sur la carte, un emplacement spécial a été réservé, en haut de la première page et à gauche, pour l'apposition du timbre constatant le paiement de la taxe en vigueur, et un autre, sur la deuxième page, au même endroit, pour le collage de la photographie ; il convient de ne pas détourner ces emplacements de leur destination primitive et de n'y apposer aucune mention.

Oblitération de la photographie.

La photographie devra être oblitérée, au *timbre sec*, sur deux de ses coins, pour éviter tout subterfuge.

Validité de la carte.

Une attention toute particulière sera donnée à la durée de validité à attribuer à la carte d'identité.

a) Validité normale.

Cette validité, fixée à trois ans par l'article 8 du décret, est susceptible d'être modifiée par une loi ou un autre décret.

Toute année commencée compte en son entier.

b) Validite restreinte.

Toutefois, et surtout pour les ressortissants des pays soumis au visa, cette durée peut être restreinte. Elle le sera obligatoirement à la durée du visa accordé si celui-ci est limitatif, le visa *aller et retour* (sans autre indication n'étant réputé valable que pour deux mois.

Cartes à durée normale.

La mention: *valable pour les années 192 , 192* , portée sur les fiches individuelles et la carte d'identité, devra donc être complétée par l'inscription des chiffres correspondant aux années de validité, si rien, soit sur le passeport, soit dans les déclarations de l'étranger, n'indique que son séjour sera d'une durée plus courte. La mention : *ou jusqu'au.......,* devenue inutile, sera alors annulée.

Cartes à durée limitée.

Au contraire, dans le cas de visa à durée limitée (y compris les visas *aller et retour*) il conviendra de se servir de la formule : *valable jusqu'au......,* et d'annuler les chiffres 192 , 192 .

Situation au point de vue [du] marché du travail.

Les indications de la fiche individuelle jaune concernant la situation de l'étranger par rapport au marché du travail seront reproduites sur la page 5 de la carte d'identité, à l'aide de cachets spéciaux fournis à cet effet.

[Nu]méro de la carte.

Enfin, le numéro de la carte attribuée et la date de son établissement seront reportés *avec soin* sur chaque fiche individuelle (blanche et jaune).

[E]nvoi de la carte.

La carte, ainsi achevée, timbrée et signée, sera transmise à l'autorité administrative qui a établi le dossier de l'étranger et elle ne devra être remise à son titulaire qu'en échange du récépissé qui lui a été délivré.

Afin d'éviter, autant qu'il est possible, que, dans les diverses transmissions, des cartes d'identité timbrées ne s'égarent, il y aura lieu de ne faire circuler ces documents que sous *plis recommandés*.

Acheminement par plis recommandés.

Cette façon de procéder constituera un contrôle plus rigoureux et permettra soit de retrouver les cartes égarées, soit de déterminer les causes exactes de leur disparition en dégageant successivement la responsabilité des divers services appelés à les acheminer sur leur destination définitive.

D'autre part, les maires et les commissaires de police devront être invités à exercer une surveillance très active sur la remise des cartes d'identité aux étrangers, M. le Ministre des Finances se refusant à rembourser les timbres apposés sur les cartes disparues, sauf dans des cas très exceptionnels.

Les récépissés de demande de carte d'identité remis aux étrangers étant des titres essentiellement provisoires, il est indispensables que les cartes soient établies rapidement de façon à être délivrées à leurs titulaires avant l'expiration du délai de validité desdits récépissés.

Délivrance rapide des cartes demandées.

Des deux fiches individuelles établies pour chaque étranger, celle de couleur jaune doit rester dans les archives de la préfecture (classée par ordre alphabétique), tandis que l'autre (blanche), destinée à constituer un casier central, sera envoyée au Ministère de l'Intérieur.

Classement des fiches individuelles jaunes.

A cet effet, toutes les fiches blanches se rapportant aux cartes délivrées pendant le mois seront classées par ordre alphabétique, (sans distinction de nationalité), et adressées au Service central des cartes d'identité des étrangers, accompagnées d'un bordereau récapitulatif, établi, lui-même, par ordre alphabétique et comprenant, avec les nom et prénoms de chaque étranger, l'indication de sa nationalité, du numéro de sa carte et de la durée de validité de ce titre de séjour.

Envoi des fiches individuelles blanches.

La carte d'identité est accordée ou refusée par le préfet du département de résidence d'après les renseignements qu'il possède sur chaque étranger. Il peut, toutefois, se

Cas douteux.

trouver quelques cas douteux où ces renseignements ne sont ni assez favorables, ni suffisamment défavorables pour motiver une décision dans un sens ou dans l'autre. Par ailleurs, une suspicion a pu peser sur un étranger à un moment donné ou une recherche être prescrite à son égard.

Dans ces différents cas, il appartient à l'administration préfectorale de s'adresser au Service central des cartes d'identité afin d'en obtenir soit des renseignements complémentaires, soit une décision ferme.

3° Remise de la carte d'identité à l'étranger.

Remise de la carte à son titulaire.

La carte d'identité, transmise par pli recommandé au commissariat de police (ou au maire) qui a établi le dossier, doit être remise à son titulaire dans le plus bref délai possible.

Cette remise ne doit avoir lieu qu'en échange du récépissé délivré à l'étranger, sauf en cas de perte dûment justifiée et dont procès-verbal sera dressé.

Signature de la carte d'identité.

En recevant sa carte d'identité, l'étranger doit la signer en présence du fonctionnaire qui la lui remet.

Envoi du récépissé à la préfecture.

Le récépissé est alors envoyé à la préfecture afin d'être annexé au dossier particulier de l'intéressé.

Remise de la carte à l'étranger ayant changé de résidence.

Si, au moment de la remise de sa carte, l'étranger a quitté sa première résidence, son titre de séjour sera retourné à la préfecture (par pli recommandé) avec l'indication de sa nouvelle adresse. Si l'étranger s'est fixé dans un autre département, le préfet qui a établi la carte la fera alors parvenir à son collègue intéressé, qui procédera à sa délivrance dans les conditions fixées plus haut.

CHAPITRE II

Des travailleurs étrangers.

A) PRINCIPES GÉNÉRAUX

Définition.

Par *travailleur* étranger il faut entendre tout individu de nationalité étrangère qui vient en France pour y occuper un emploi salarié.

Toutefois, les gens de maison, les chauffeurs d'automobiles particulières, les gouvernantes, institutrices.. ne bénéficient pas des facilités accordées aux *travailleurs* et sont considérés comme des étrangers ordinaires.

Contrat d'embauchage.

Le *travailleur* étranger doit, pour bénéficier des avantages attachés à ce titre, se présenter à la frontière porteur d'un contrat d'embauchage reconnu valable dans les conditions prévues par les instructions des Ministères du Travail et de l'Agriculture (article 5 du décret).

L'ouvrier étranger non muni de ce document sera dirigé sur le bureau d'immigration ou l'office de placement le plus proche. Si cet organisme lui procure un emploi, le contrat nécessaire lui sera délivré et il sera admis sur le territoire ; dans la négative, l'accès lui en sera refusé.

Dispense de passeport.

Le *travailleur* étranger titulaire d'un contrat d'embauchage régulier est dispensé du passeport ; il devra seulement, à l'aide de documents officiels établissant son identité de façon certaine, faire la preuve de l'état civil qu'il invoque.

Photographies.

En outre, il devra être muni de *cinq* photographies *de face et sans chapeau* et de date récente dont une lui sera réclamée à la frontière.

B) TRAVAILLEURS SE DÉCLARANT AUX POSTES-FRONTIÈRES

Sauf-conduit.

Le *travailleur* étranger qui se présentera à la frontière muni du contrat prévu plus haut, recevra du commissaire spécial (après avoir satisfait aux mesures sanitaires en vigueur) un sauf-conduit qui lui permettra de se rendre au lieu de son emploi, sans être inquiété par les autorités chargées de la surveillance des étrangers.

Ce sauf-conduit, dont il sera pris note sur la fiche conservée dans les archives du poste-frontière, portera la photographie de son titulaire ainsi que son état civil succinct et les principales indications de son contrat d'embauchage.

Il lui tiendra lieu de passeport sur le parcours à accomplir entre la frontière et la localité de destination, parcours qui devra être effectué sans arrêt notable et par la voie la plus directe.

Demande de carte d'identité.

Dans les quarante-huit heures de son arrivée, au lieu de sa destination et au plus tard dans les huit jours après son passage à la frontière, le *travailleur* étranger devra se présenter au commissaire de police (ou à son défaut, au maire de la commune) et souscrire, près de lui, dans la forme ordinaire, la demande de carte d'identité prévue par l'article 1 du décret (page 6).

Constitution du dossier.

Il remettra à cet effet les quatre photographies prescrites et fournira les indications nécessaires pour l'établissement des fiches individuelles.

Le sauf-conduit délivré à la frontière lui sera alors retiré pour être annexé au dossier adressé à la préfecture.

Dispense de références.

Le *travailleur* étranger muni du sauf-conduit sera dispensé de fournir les références prescrites par l'article 1 du décret.

Établissement de la carte d'identité.

La carte d'identité délivrée sur le vu du sauf-conduit précité portera, sur la première page, la mention *Travailleur agricole* ou *Travailleur industriel*. Cette mention sera apposée à l'aide d'un cachet spécial fourni par les ministères intéressés.

En outre, les indications relatives au contrat d'embauchage *portées sur le sauf-conduit* devront être reproduites à la page 5 de la carte.

Avantages accordés au *travailleur*.

Le *travailleur* étranger qui se déclare à la frontière jouit donc des avantages suivants : dispense de passeport, dispense de références en France et délivrance plus rapide de la carte d'identité, en dehors de la réduction de taxe que peut lui accorder la loi des finances.

C) TRAVAILLEURS NE SE DÉCLARANT PAS A LA FRONTIÈRE

Preuve de l'entrée régulière.

L'ouvrier étranger, qui, à son passage à la frontière, n'aura pas accompli les formalités prescrites pour l'obtention du sauf-conduit, *perdra tout droit aux divers avantages énumérés plus haut* et sera assimilé, en tout, aux étrangers ordinaires. Il devra, alors, faire la preuve qu'il est entré en France d'une façon régulière suivant les principes rappelés page 5.

Contrat d'embauchage.

Il aura, en outre, avant d'être admis à solliciter la délivrance de la carte d'identité, à produire un certificat d'embauchage visé favorablement par l'office départemental ou régional de placement ou par le service de la main-d'œuvre étrangère des Ministères du Travail et de l'Agriculture, ainsi qu'il est dit page 7 au paragraphe concernant la *vérification de la situation des salariés.*

Titulaire d'un sauf-conduit ne se rendant pas dans la localité fixée ou ayant changé d'employeur.

De même, l'étranger titulaire d'un sauf-conduit qui ne se rendra pas dans la localité fixée par son contrat d'embauchage (à moins qu'il ne justifie être resté au service du même employeur) ou qui, lors de sa demande de carte d'identité, aura quitté le patron signataire dudit contrat, sera assimilé à l'ouvrier qui ne s'est pas déclaré à la frontière et perdra tout le bénéfice de son sauf-conduit.

Toutefois, s'il est établi, par une mention spéciale apposée sur le sauf-conduit par l'un des services de main-d'œuvre ci-desus désignés, que *ce n'est pas par sa faute* que l'ouvrier a perdu son emploi, il conservera le bénéfice de son sauf-conduit. Il devra alors produire un nouveau certificat d'embauchage visé par le service qui aura porté sur son sauf-conduit la mention précitée.

CHAPITRE III

Des touristes étrangers.

Astreints la règle commune.

L'article 1 du décret spécifie que tout étranger *devant résider en France plus de quinze jours et âgé de plus de quinze ans,* est tenu, dans les quarante-huit heures de son arrivée, *de se présenter* au commissariat de police ou à la mairie de sa résidence pour y faire sa demande de carte d'identité.

Ce principe ne doit pas, toutefois, être appliqué *dans toute sa rigueur* aux touristes étrangers qui viennent en France.

Suppression délai de deux mois.

Déjà, sous le régime du décret du 2 avril 1917, des tempéraments avaient été apportés en leur faveur à la règle commune et les avaient dispensés, purement et simplement, de toute démarche administrative pendant un délai maximum de deux mois. Cette conception ne saurait être maintenue.

Désormais, les touristes étrangers devront, à leur arrivée sur notre territoire, faire une demande de carte d'identité *toutes les fois que leur séjour sera susceptible de dépasser quinze jours.*

rsonnes susceptibles de recevoir leur demande de cartes.

Cependant, afin de leur éviter des pertes de temps ils seront autorisés à formuler leur demande entre les mains de l'hôtelier qui les héberge, du logeur qui leur donne asile ou de l'hôte qui les reçoit, sous la seule réserve que ceux-ci auront paru, *à l'autorité préfectorale,* offrir des garanties suffisantes pour être habilités à recevoir leur déclaration.

A cet effet, les hôteliers et logeurs qui en feront la demande et *auront été agréés* recevront des exemplaires des fiches individuelles blanches et jaunes prévues à l'article 1 du décret (paragraphes 3 et suivants).

Établissement des hes individuelles.

Les hôteliers et logeurs rempliront, *eux-mêmes,* ces fiches sur le vu des passeports réguliers des voyageurs ou *pour ceux qui en sont dispensés en vertu d'accords inter-*

nationaux (belges et luxembourgeois) sur le vu des pièces d'identité dont ils seront porteurs. Au besoin, ils les inviteront à fournir verbalement les indications complémentaires qui seraient nécessaires.

Il conviendra d'appeler spécialement l'attention des hôteliers et logeurs sur l'intérêt qu'il y a à ce qu'ils orthographient soigneusement et lisiblement les nom et prénoms (indication de la femme mariée sous le nom de son mari) et relèvent avec exactitude la date et le lieu de naissance des intéressés ainsi que l'adresse de leur domicile à l'étranger de même que *la durée du visa apposé sur le passeport* en cas de visa à durée limitée.

Photographies.

A l'appui de leurs fiches individuelles, les étrangers fourniront les quatre photographies prévues par l'article 1 du décret (paragraphe 3) ; dans le cas où ces photographies ne seraient pas établies absolument dans la forme prescrite (de face et sans chapeau) il n'y aurait cependant pas lieu de les refuser pourvu qu'elles soient réellement ressemblantes et permettent d'identifier la personne ; on acceptera notamment la même photographie que celle apposée sur le passeport ou sur les pièces d'identité produites.

Acquittement de la taxe.

Les touristes étrangers acquitteront, en même temps, entre les mains de leur hôtelier ou logeur, la taxe fixée pour la délivrance de la carte.

Obligations de l'hôtelier ou du logeur.

L'hôtelier ou le logeur remettra immédiatement au commissariat de police (ou à défaut à la mairie) les fiches individuelles ainsi remplies, les quatre photographies et le montant de la taxe perçue ; en échange il lui sera délivré, séance tenante, un récépissé de déclaration établi au nom de l'étranger qui sollicite la délivrance de la carte d'identité.

Récépissé.

Ce récépissé sera, le jour même et par les soins de l'hôtelier ou du logeur, remis à son titulaire qui, dès lors, sera considéré comme ayant satisfait aux prescriptions du décret. Munis de ce récépissé, les touristes étrangers pourront se déplacer à l'intérieur du pays autant qu'ils le désireront, sans être inquiétés en aucune façon.

Délivrance de la carte d'identité.

Ils devront, cependant, être avisés qu'à l'expiration d'un délai d'un mois, ils pourront retirer, ou faire retirer, leur carte définitive par un mandataire régulier, au commissariat de police (ou à défaut, à la mairie) du lieu de leur déclaration. Ce mandataire pourra, s'ils le désirent, être l'hôtelier ou le logeur qui aura reçu cette déclaration.

Envoi par la poste.

Il n'y aura, d'autre part, aucun inconvénient à ce que, sur leur demande, leur carte d'identité leur soit adressée par la voie postale, à l'endroit qu'ils auront indiqué, à la condition qu'ils acquittent, au préalable, les frais de l'envoi recommandé.

Droit accordé par la carte.

En possession de ce titre régulier, ils seront, pendant sa période de validité, en règle avec la législation française et pourront (sauf les titulaires de visas à durée limitée) aller et venir de l'étranger en France sans avoir à solliciter la délivrance d'une nouvelle carte à chacun de leurs séjours dans notre pays.

Interprétation libérale.

Telles sont les dispositions un peu spéciales dont bénéficient les touristes étrangers pour l'application du décret du 25 octobre 1924 ; il conviendra de les interpréter dans le sens le plus libéral tout en veillant à ce que les garanties indispensables soient cependant maintenues.

CHAPITRE IV

Dispositions spéciales.

A) CONCERNANT PLUS PARTICULIÈREMENT LES ÉTRANGERS

Changements de domiciles (visas

Tout étranger qui change de *domicile* doit, suivant les prescriptions de l'article 3 du décret, faire viser sa carte d'identité au commissariat de police (ou, à son défaut, à la mairie) du lieu de sa nouvelle résidence, dans les quarante-huit heures de son arrivée.

Ce visa — qui n'est autre que celui prévu par l'article 1, paragraphe 3 de la loi du 8 août 1893 — est délivré immédiatement à celui qui en fait la demande et ne peut être refusé. Il ne donne lieu à la perception d'aucune taxe.

Mention de ce visa est portée sur un registre spécial et avis en est donné à la préfecture qui, *en fin de mois*, en informera le Ministère de l'Intérieur, Service central des cartes d'identité des étrangers, par un état récapitulatif établi par ordre alphabétique.

Un changement momentané de résidence, *sans véritable transport de domicile*, n'est assujetti à aucune déclaration.

Délivrance de duplicata.

En cas de perte, de destruction ou d'altération de la carte d'identité, il pourra en être délivré un duplicata. Ce duplicata, devra, en règle générale, être établi par le préfet qui aura accordé le titre à remplacer et sera constitué par une nouvelle carte, portant un numéro distinct de la première. La délivrance de ce document sera faite dans les formes prescrites par l'article 1 du décret et comportera le versement d'une nouvelle taxe.

Sauf dans le cas de remplacement d'une carte à durée limitée, le duplicata recevra une nouvelle validité normale, y compris l'année en cours.

Une mention spéciale sera portée en caractères très apparents, sur la première page de la carte servant de duplicata, et indiquera le motif de la délivrance ainsi que le numéro du titre remplacé.

De même, sur la fiche individuelle blanche destinée au Service central des cartes d'identité, l'indication *duplicata* sera inscrite, à l'encre rouge, en haut et à droite, au-dessus du nom. Le numéro de la carte remplacée sera indiqué au verso, à l'endroit réservé à cet effet (avant l'énumération des pièces produites), et le motif justifiant le duplicata sera énoncé brièvement au-dessous.

En fin de mois, les fiches individuelles blanches se rapportant à des duplicata feront l'objet d'un classement particulier et figureront sur un bordereau spécial pour leur envoi au Service central.

Lorsqu'il s'agira d'une carte perdue ou volée, avis devra en être donné au Contrôle général des Services des Recherches judiciaires (Ministère de l'Intérieur) dans les formes prescrites pour toute perte de documents.

Le duplicata délivré à un ouvrier étranger comportera le paiement de la taxe en vigueur pour les étrangers non *travailleurs*.

Modifications survenant après la délivrance de la carte d'identité.

Tout changement, soit dans la nationalité, l'état civil ou la situation de famille d'un étranger, survenant après la délivrance de sa carte d'identité, nécessite le remplacement de ce document qui ne doit comporter ni rature, ni surcharge.

Il est alors procédé comme il est dit précédemment pour les cartes perdues ou devenues inutilisables.

Cette nouvelle délivrance donne lieu à la perception de la taxe normale en vigueur, aucune distinction n'étant faite entre les étrangers ordinaires et ceux de la catégorie *travailleurs*.

La carte remplacée devra être retirée à son titulaire et envoyée, par la préfecture, au Service central, pour annulation. Elle sera, dans ce cas, annexée à la fiche individuelle blanche correspondant à la nouvelle carte.

Décès.

Les maires devront aviser le préfet du département de tout décès d'étranger, dès qu'ils en auront rédigé l'acte, et lui transmettre la carte d'identité du défunt, que la famille sera tenue de restituer.

En fin de mois, le préfet aura à en donner avis au Service central, au moyen d'une liste, établie par ordre alphabétique, à laquelle les cartes retirées seront annexées.

Il convient de noter que la législation de certains pays ne confère pas à la femme d'origine étrangère la nationalité du mari par le seul fait du mariage.

Françaises conservant leur nationalité malgré leur mariage avec un étranger.

Ces pays sont :

La République argentine ;
Le Brésil ;
Le Chili ;
La Colombie ;
Les États-Unis (pour les mariages célébrés après le 22 septembre 1922) ;
La République de Panama ;
Le Paraguay ;
La Russie (pour les mariages célébrés depuis l'avènement des Soviets) ;
La République de Saint-Marin ;
La Tunisie (pour les Françaises et les Italiennes) ;
L'Uruguay.

La femme française qui épouse un ressortissant de l'un de ces états demeure donc française et n'a pas à solliciter la délivrance de la carte d'identité; tandis que la femme d'origine étrangère reçoit son titre de séjour avec l'indication de sa nationalité d'origine.

Naturalisés.

L'étranger titulaire de la carte d'identé qui obtient notre naturalisation ne doit pas conserver sa carte d'identité.

Ce document devra, par suite, lui être retiré lors de la délivrance de l'ampliation du décret qui lui confère notre nationalité et être envoyé par la préfecture et sous bordereau spécial au Service central, pour annulation.

Admis à domicile.

L'étranger admis à domicile demeure étranger tant qu'il n'est pas naturalisé. Il doit donc conserver sa carte d'identité et se conformer aux prescriptions du décret jusqu'à ce qu'il ait acquis notre nationalité.

Expulsés.

La carte d'identité devra être retirée à l'étranger objet d'un arrêté d'expulsion et être envoyée par la préfecture au Service central, pour annulation.

Si l'intéressé obtient soit un sursis de départ, soit une suspension de la mesure prise contre lui, une mention spéciale, apposée sur l'ampliation de son arrêté d'expulsion, lui tiendra lieu de permis de séjour pour la période où il lui est accordé de séjourner sur le territoire.

Seul un nouvel arrêté rapportant définitivement la décision d'expulsion primitivement prise, peut permettre à l'étranger objet de cette mesure de recevoir une nouvelle carte d'identité.

Nomades.

L'étranger qui tombe sous le coup de la loi du 16 juillet 1912 et reçoit, comme *nomade*, un carnet anthropométrique ne doit pas être laissé ou mis en possession de la carte d'identité.

Ce titre de séjour ne pourra lui être délivré que lorsque, ayant un domicile fixe, le carnet anthropométrique lui aura été retiré.

amilles des ouvriers étrangers.

Par dérogation aux règles générales, les familles (femme, enfants et ascendants) des ouvriers étrangers travaillant en France seront dispensées de tout passeport pour pénétrer sur notre territoire, sur la production d'un certificat de l'employeur, attestant que l'étranger indiqué comme le chef de famille reçoit un salaire suffisant pour subvenir aux besoins des siens et dispose d'un local apte à les recevoir. Ce certificat devra être visé par le commissaire de police du lieu de destination (ou, à son défaut, par le maire) et par le préfet du département.

Ce document, également visé à la frontière, leur permettra de se rendre, sans encombre, jusqu'à la localité fixée où ils devront faire constater leur arrivée et solliciter, dans la forme ordinaire, la délivrance de la carte d'identité.

B) CONCERNANT L'ADMINISTRATION

'isas *aller et retour*.

Ainsi qu'il a été dit, page 10, le visa *aller et retour*, sans autre précision, a une validité de *deux mois*.

La carte d'identité délivrée sur le vu de ce visa aura, par suite, la même durée que lui.

Si, à l'expiration de ce délai de deux mois, le titulaire d'un visa *aller et retour* sollicite une prolongation de séjour, sa demande devra être transmise au Service central qui statuera. En cas de décision favorable, une nouvelle carte sera remise à l'intéressé, en échange du titre périmé et contre nouveau paiement de la taxe en vigueur.

Visas *en transit :* *a) Sans arrêt,*

Les visas *en transit sans arrêt* ne comportent aucun séjour sur le territoire en dehors du temps nécessaire pour effectuer, par la voie la plus directe, la traversée imposée par le voyage entrepris.

b) Ordinaires.

Les visas *en transit*, sans autre mention, laissent à leurs titulaires une légère tolérance de trois à cinq jours pour l'accomplissement de leur trajet.

Toutes les demandes d'arrêt ou d'autorisation de séjour présentées par les porteurs de visas de cette nature doivent être soumises au Service central, pour décision.

Refus de carte.

Ainsi qu'il est dit page 11, la carte d'identité est accordée ou refusée par le préfet. Le refus de carte entraîne. pour celui qui en est l'objet, l'obligation de quitter la France.

Cette décision sera notifiée à l'étranger par le commissaire de police ou le maire qui aura établi le dossier. La mention *carte refusée* sera portée par ses soins d'une façon très apparente sur le récépissé de demande de carte précédemment remis à l'intéressé ainsi que l'indication du délai qui lui sera accordé pour sortir du territoire.

Ce document servira à son titulaire pour justifier de sa situation jusqu'à son départ.

La même mention : *carte refusée,* et le motif du refus seront portés sur la fiche individuelle blanche destinée au Service central.

Au fur et à mesure des refus de carte les fiches individuelles blanches seront envoyées au Service central accompagnées d'un *rapport* sur chaque cas particulier.

Le montant de la taxe sera restitué à l'étranger.

Retrait de carte.

Lorsque, par ses agissements, un étranger se sera rendu *indésirable,* la carte d'identité pourra lui être retirée *par décision préfectorale* et il sera mis en demeure de quitter le territoire.

Cette décision sera signifiée à l'intéressé et mise à exécution par le commissaire de police (ou, à son défaut, par le maire) du lieu de résidence.

En échange de sa carte d'idendité, un ordre de refoulement, comportant l'indication du délai accordé, sera remis à l'étranger.

La carte retirée sera adressée au Service central, accompagnée d'un rapport exposant les motifs de cette mesure.

En aucun cas, la taxe versée ne sera restituée. Elle demeure acquise au Trésor, quel que soit le temps écoulé depuis la délivrance de la carte retirée.

Cartes provisoires.

Dans certains cas, les renseignements recueillis pourront ne pas paraître suffisants pour motiver un refus de carte d'identité ou trop succincts pour permettre la délivrance de ce titre de séjour (défaut de références, notamment); dans ce cas, une carte, comportant paiement de la taxe et valable pour un délai de trois mois ou six mois (anciens sursis trimestriels), sera remise à l'intéressé.

Au bout de ce laps de temps, des propositions devront être faites au Service central, qui prendra une décision motivant soit la délivrance de la carte normale (passible du paiement d'une nouvelle taxe) soit le refoulement de celui qui en fait l'objet.

La carte provisoire, retirée ou périmée, sera adressée au Service central (sous une rubrique spéciale); en cas de renouvellement elle devra être accompagnée de la fiche individuelle blanche correspondant au nouveau titre de séjour.

Cartes non réclamées.

Toute carte d'identité qui, dans le délai d'un mois de son arrivée au commissariat de police (ou, à son défaut, à la mairie), n'aura pu être remise à son titulaire, parti sans laisser d'adresse, sera retournée à la préfecture et envoyée par celle-ci au Service central, pour annulation.

La taxe versée demeure acquise au Trésor et ne peut être remboursée.

Cartes altérées

Les autorités administratives qui constateront qu'une carte d'identité a été grattée, surchargée ou falsifiée, ou trouveront ce document en des mains autres que celles de son titulaire devront la confisquer immédiatement et signaler le fait au préfet, pour application de l'article 10 du décret.

Production de la carte d'identité.

A toutes demandes des autorités administratives, l'étranger sera tenu de produire sa carte d'identité. La production de ce document devra être exigée des étrangers par les fonctionnaires de tous ordres, lors de l'accomplissement des divers actes administratifs (actes d'état civil, inscriptions au registre du commerce, etc..).

Statistique semestrielle.

Afin de permettre un contrôle aussi exact que possible du mouvement des étrangers chaque préfecture devra adresser, tous les six mois, (1er janvier, 1er juillet) au Service central, un état-statistique conforme au tableau annexé à la présente Instruction.

CHAPITRE V

Du renouvellement périodique.

Principes généraux.

L'article 8 du décret spécifie que la carte d'identité est valable trois ans, y compris l'année en cours. Cette durée de validité *peut être modifiée* soit par une loi, soit par un autre décret, ainsi qu'il est dit page 10.

Il s'ensuit qu'à l'expiration de la dernière année l'étranger doit demander le renouvellement de son titre de séjour.

La pratique a, en effet, démontré qu'il était préférable de remplacer, non pas seulement la photographie, ainsi que le prescrivait le décret du 2 avril 1917 (article 10) mais la carte elle-même, l'usure l'ayant souvent rendue inutilisable.

D'autre part, ce renouvellement (qui aurait dû commencer en 1920) n'ayant jamais été effectué, cette étude se divisera en deux parties :

A) Procédure du renouvellement périodique ordinaire ;
B) son application en 1925.

A) PROCÉDURE DU RENOUVELLEMENT PÉRIODIQUE ORDINAIRE

Délai de demande.

Dans le courant du premier trimestre suivant l'expiration de la dernière année de validité de sa carte d'identité, l'étranger doit se présenter au commissariat de police (ou, à son défaut, à la mairie) *du lieu de sa résidence* pour solliciter le remplacement de son titre de séjour.

Formalités à remplir.

A cet effet, il se conformera aux prescriptions de l'article 1 du décret, c'est-à-dire qu'il fournira quatre photographies, donnera les indications nécessaires à la confection des fiches individuelles et versera le montant de la taxe en vigueur.

Situation au point de vue du marché du travail.

Les indications de la fiche individuelle jaune concernant la situation de l'intéressé au point de vue du marché du travail (salarié ou non, voir pages 7 et 8) devront être remplies avec attention pour être reportées sur la nouvelle carte d'identité.

Si depuis la délivrance de sa première carte il a pris un emploi salarié, il devra produire un certificat d'engagement visé par les Services compétents de la main-d'œuvre étrangère (voir page 7).

Pour le renouvellement, aucune différence ne sera faite entre les *travailleurs* et les étrangers ordinaires. Tous acquitteront la taxe pleine fixée par la loi de finances.

Uniformité de taxe.

Au moment de la demande de renouvellement, la carte périmée sera retirée à son titulaire pour être transmise à la préfecture avec les fiches individuelles.

Retrait de la carte périmée.

En échange, l'étranger recevra le récépissé ordinaire de demande de carte d'identité, dont la mention imprimée *renouvellement périodique de la carte N°*....... aura été complétée par le numéro du titre retiré.

La mention *demande de carte d'identité* sera biffée.

Délivrance du récépissé.

De même, l'indication *valable jusqu'au*..... sera modifiée ainsi : *valable jusqu'à réception de la nouvelle carte*.

Validité du récépissé.

Le dossier de l'intéressé (fiches individuelles blanche et jaune, carte périmée et droit de timbre) sera transmis le plus rapidement possible à la préfecture.

Envoi du dossier à la préfecture.

Après avoir annulé la carte retirée (qui restera dans ses archives) la préfecture établira, *dans les formes ordinaires*, le nouveau titre de séjour, en ayant bien soin de porter sur les fiches individuelles non seulement le numéro de la nouvelle carte, mais encore celui du titre de séjour remplacé.

Établissement de la nouvelle carte.

Il convient d'observer que ce *renouvellement ne devra pas être automatique :* c'est à dire que la nouvelle carte ne devra être remise à son titulaire qu'autant que celui-ci ne fera l'objet d'aucune remarque défavorable.

Les autres opérations (renvoi au commissariat ou à la mairie, remise de la carte à son titulaire, classement des fiches individuelles) se feront suivant les prescriptions de la présente Instruction générale (pages 10 et suivantes).

La préfecture compétente pour le renouvellement périodique est celle du lieu de résidence. Toutefois, il est loisible au préfet (quand il le juge opportun) de prendre l'avis de son collègue qui a délivré le titre de séjour périmé.

Cartes provenant d'un autre département.

Envoi des fiches [in]dividuelles blanches au Service central.

Les fiches individuelles blanches se rapportant au renouvellement périodique devront faire l'objet d'un bordereau spécial lors de leur envoi au Service central.

[D]élai d'achèvement.

La plus grande célérité sera apportée à l'accomplissement de ce travail de façon à ce qu'il soit achevé dans le courant du premier semestre.

Publicité.

Au début de chaque année les préfectures devront rappeler aux étrangers (par tels moyens qu'elles le jugeront utile) la prescription du *renouvellement périodique*.

B) PREMIÈRE APPLICATION EN 1925

Renouvellement général.

Le renouvellement à effectuer en 1925 portera sur *toutes* les cartes d'identité délivrées de 1917 à fin 1924, y compris les cartes de *travailleurs* (pour ces dernières, celles établies du 1er janvier 1925 à la date d'application du décret seront également à renouveler).

Motifs [de] ce renouvellement général.

Cette décision se justifie pleinement :

a) Pour les cartes datant de 1917, 1918, 1919, 1920, 1921 et 1922 par le jeu normal du renouvellement périodique ;

b) Pour celles de 1923 et 1924 :

1° Par la mise en service d'imprimés nouveaux ;

2° Par la nécessité impérieuse de refondre sur une base nouvelle les services s'occupant des étrangers.

Par suite, toutes les cartes *antérieures à la date d'application du décret du 25 octobre 1924* seront en 1925, réputées périmées.

[Pr]océdure à employer.

La procédure à employer pour ce renouvellement sera celle étudiée plus haut pour le renouvellement périodique ordinaire.

Paris, le 25 décembre 1924.

Pour le Ministre de l'Intérieur :

Le Directeur de la Sûreté générale,

JEAN CHIAPPE.

APPENDICE

DOCUMENTS DIVERS

I. — DÉCRET DU 25 OCTOBRE 1924

LE PRÉSIDENT DE LA RÉPUBLIQUE FRANÇAISE,

Vu les décrets du 2 avril 1917 portant création d'une carte d'identité des étrangers et du 6 juin 1922 concernant les travailleurs étrangers;

Sur le rapport du Ministre de l'Intérieur,

DÉCRÈTE :

Demande de carte.

ARTICLE PREMIER. — Tout étranger devant résider en France plus de quinze jours et âgé de plus de quinze ans est tenu, dans les quarante-huit heures de son arrivée, de se présenter au commissariat de police ou à la mairie de sa résidence pour y faire une demande de carte d'identité.

Récépissé.

Récépissé lui en est délivré.

Photographies. Fiches individuelles.

Il remet à l'appui de sa demande quatre photographies de face et sans chapeau, et fournit, en outre, les indications suivantes, pour l'établissement de deux fiches individuelles:

Nom, prénoms, filiation (avec date et lieu de naissance), profession, nationalité, situation de famille ; nom, âge et nationalité du conjoint; prénoms et âges des enfants au-dessous de quinze ans; dernier domicile à l'étranger.

Justification. Références.

Il doit, bien entendu, justifier ses déclarations par des papiers authentiques et, dans le cas où il désirerait s'établir en France d'une manière définitive, donner les noms de deux citoyens français qui consentent à se porter garants de lui.

Destination des fiches.

L'une de ces fiches individuelles est conservée à la préfecture du département qui délivre la carte; l'autre est envoyée au Service central des cartes d'identité des étrangers au Ministère de l'Intérieur.

Carte d'identité.

ART. 2. — La carte d'identité reproduit les mentions portées sur la fiche individuelle visée à l'article précédent. Elle est toujours délivrée par la préfecture.

Oblitération de la photographie.

La photographie doit être oblitérée, au timbre sec, sur deux de ses coins.

Visas en cas de changement de domicile.

ART. 3. — En cas de changement de domicile, l'étranger doit faire viser sa carte d'identité à la mairie ou au commissariat de police de son nouveau domicile.

Une feuille intercalaire jointe à la carte d'identité est destinée à recevoir mention de ce visa.

Avis au Service central.

La mention du visa est faite également sur des registres spéciaux déposés dans les mairies et les commissariats de police; les maires et commissaires de police doivent donner avis immédiat de tout changement de domicile à la préfecture du département qui avisera aussitôt le Service central des cartes d'identité des étrangers au Ministère de l'Intérieur.

Valeur de la carte.

ART. 4. — La carte d'identité vaut permis de séjour.

Retrait.

Elle peut être retirée aux titulaires qui négligent de se conformer à la réglementation en vigueur, ou qui cessent d'offrir les garanties désirables.

Sanction en cas de retrait ou de refus.

En cas de refus ou de retrait de la carte, l'étranger doit quitter le territoire français dans un délai de huit jours; toutefois, ce délai peut être modifié, selon les circonstances, par le Ministre de l'Intérieur, sur la proposition de l'autorité administrative.

Travailleurs. Sauf-conduit.

ART. 5. — Les travailleurs étrangers qui se présentent à l'un des bureaux d'immigration ou postes-frontières, munis d'un titre d'embauchage reconnu valable dans les conditions prévues par les instructions des Ministres du Travail et de l'Agriculture, sont pourvus (sous réserve de l'application des règlements sanitaires et de police), par les soins du commissaire spécial de la frontière, d'un sauf-conduit qui leur sert pour se rendre à la localité où ils ont un emploi.

Demande de la cart[e]
a) par les travaille[urs] se déclarant à [la] frontière.

Dans les quarante-huit heures de leur arrivée dans cette localité, les travailleurs étrangers doivent signaler leur présence au commissaire de police ou, à défaut, au maire et lui fournir les photographies et les indications prévues à l'article premier, paragraphe 2, pour l'établissement de leur carte d'identité régulière.

b) par les travaille[urs] ne se déclarant p[as] à la frontière.

La délivrance de la carte d'identité est demandée de même au commissaire de police ou, à défaut, au maire de la résidence par les travailleurs étrangers qui ne se sont pas présentés aux bureaux d'immigration ou aux postes-frontières ; mais, en ce cas, les intéressés doivent justifier qu'ils sont munis d'un titre d'embauchage reconnu valable dans les conditions prévues par les instructions des Ministres du Travail et de l'Agriculture.

Délivrance de la car[te]

Dans tous les cas, la carte d'identité n'est délivrée aux travailleurs étrangers qu'après enquête favorable de la préfecture.

Obligations des pr[o]priétaires, hôtelie[rs], logeurs, restaur[a]teurs, employeur[s].

Art. 6. — Les propriétaires, hôteliers, logeurs doivent signaler dans les vingt-quatre heures, au commissaire de police ou au maire, la présence des étrangers habitant leurs immeubles ou établissements. Il en est de même pour les restaurateurs ou propriétaires de pensions de famille qui hébergent habituellement des étrangers.

Les employeurs qui embauchent des travailleurs étrangers doivent, de même, en donner avis au commissaire de police ou au maire ; ils doivent, en outre, s'assurer, avant tout embauchage, que les travailleurs étrangers n'ont pas contrevenu aux dispositions de l'article 5 ci-dessus.

Décès.

Art. 7. — Les maires doivent aviser les préfets du département de tout décès d'étranger dont ils ont rédigé l'acte.

Le préfet en informe aussitôt le Service central des cartes d'identité des étrangers au Ministère de l'Intérieur.

lidité de la carte.

ART. 8. — Les cartes d'identité sont valables pour une durée de trois ans, toute année commencée comptant pour une année entière.

Toute carte périmée est sans valeur.

Duplicata.

ART. 9. — Il peut être délivré un duplicata de la carte d'identité qui aura été perdue, dans les formes prévues par l'article premier, paragraphes 2 et 3. Mention du duplicata est portée sur la carte et avis de sa délivrance est donné au Service central des cartes d'identité, au Ministère de l'Intérieur.

Falsification la carte d'identité.

ART. 10. — Tout étranger qui aura gratté, surchargé, falsifié une carte d'identité ou qui aura utilisé, dans l'accomplissement d'un acte administratif, une carte autre que celle lui appartenant, sera expulsé du territoire français, sans préjudice de toutes autres sanctions pénales qui pourraient intervenir.

gents diplomatiques et consulaires.

ART. 11. — La carte d'identité n'est pas exigée des représentants diplomatiques ou consulaires des pays étrangers accrédités en France, ni de leur famille.

Sanctions.

ART. 12. — Les infractions au présent décret sont passibles des peines prévues à l'article 471, paragraphe 15, du code pénal, sans préjudice du droit d'expulsion qui appartient au Ministre de l'Intérieur en vertu de la loi du 3 décembre 1849 (article 7).

Dispositions antérieures.

ART. 13. — Sont abrogées toutes dispositions contraires au présent décret.

pplication à l'Algérie et à Alsace-Lorraine.

ART. 14. — Le Ministre de l'Intérieur est chargé de l'exécution du présent décret, dont les dispositions sont également applicables à l'Alsace-Lorraine et à l'Algérie.

Fait à Paris, le 25 octobre 1924.

GASTON DOUMERGUE.

Par le Président de la République,

Le Ministre de l'Intérieur.

Camille CHAUTEMPS.

II. — LISTE DES NATIONALITÉS officiellement reconnues par le Gouvernement de la République.

NATIONALITÉS	PAYS
Afghane	Afghanistan.
Albanaise	Albanie.
Allemande	Allemagne.
Américaine	Amérique du Nord (Étas-Unis de l')
Annamite	Annam.
Argentine	Argentine.
Australienne	Australie.
Autrichienne	Autriche.
Belge	Belgique.
Bolivienne	Bolivie.
Brésilienne	Brésil.
Britannique	Bretagne (Grande-).
Bulgare	Bulgarie.
Cambodgienne	Cambodge.
Canadienne	Canada.
Chilienne	Chili.
Chinoise	Chine.
Colombienne	Colombie.
Costaricienne	Costa-Rica.
Cubaine	Cuba.
Danoise	Danemark.
Dantzicoise	Dantzig (Ville libre de).
Dominicaine	Domingue (Saint-).
Égyptienne	Égypte.
Équatorienne	Équateur.
Espagnole	Espagne.
Esthonienne	Esthonie.
Éthiopienne	Abyssinie.
Finlandaise	Finlande.
Grecque	Grèce.
Guatémaltèque	Guatémala.
Haïtienne	Haïti.

NATIONALITÉS	PAYS
Hedjazienne..........	Hedjaz.
Hondurienne.........	Honduras.
Hongroise	Hongrie.
Iraquienne	Irak ou Mésopotamie.
Irlandaise	Irlande.
Italienne	Italie.
Japonaise............	Japon.
Lettone	Lettonie.
Libanaise............	Liban.
Libérienne...........	Libéria (République de).
Lichtensteinoise......	Lichtenstein (Grand-Duché de).
Lithuanienne	Lithuanie.
Luxembourgeoise	Luxembourg.
Marocaine	Maroc.
Mexicaine	Mexique.
Monégasque	Monaco.
Néerlandaise.........	Pays-Bas ou Hollande.
Nicaraguayenne......	Nicaragua.
Norvégienne.........	Norvège.
Palestinienne	Palestine.
Panaméenne.........	Panama.
Paraguayenne........	Paraguay.
Persane	Perse
Péruvienne..........	Pérou.
Polonaise............	Pologne.
Portugaise...........	Portugal.
Roumaine	Roumanie.
Russe...............	Russie (Union des Républiques Socialistes de)
Salvadorienne	Salvador.
San-Marinoise........	San-Marin (République de).
Serbe-Croate-Slovène .	Royaume S. C. S. ou Yougoslavie.
Siamoise	Siam.
Suédoise	Suède.
Suisse...............	Suisse.
Syrienne	Syrie.
Tchécoslovaque	Tchécoslovaquie.
Tonkinoise	Tonkin.
Tunisienne	Tunisie.
Turque..............	Turquie.

NATIONALITÉS	PAYS
Uruguayenne........	Uruguay.
Vénézuélienne.......	Vénézuéla.
Zanzibarroise........	Zanzibar (Sultanat de).

REMARQUES

I. — Les *Sarrois sont allemands de nationalité,* mais la défense de leurs intérêts est provisoirement dévolue à la France.

Les *Sarrois* venant en France avec un *passeport sarrois* peuvent être qualifiés de *Sarrois* sur leur carte d'identité *si leur séjour ne doit pas dépasser trois mois* ; dans le cas contraire, ils doivent être appelés *Allemands,* leur passeport devenant nul au bout de trois mois.

II. — Une nationalité est attribuée *de jure* aux Arméniens qui n'ont pas conservé la sujétion turque ou la nationalité russe.

III. — Les *Andorrans* jouissent d'un statut particulier mais ils sont, en fait, des ressortissants français.

III. — TABLEAU-STATISTIQUE DES ÉTRANGERS en résidence dans le département d..........

NATIONALITÉS	EXISTANT AU.......... (1er janvier ou 1er juillet.)				NOMBRE DE CARTES DÉLIVRÉES AU COURS DU SEMESTRE					
	HOMMES	FEMMES	ENFANTS	TOTAL	A taxe pleine	A taxe réduite : Agricoles.	A taxe réduite : Industriels.		Indigents.	TOTAL
Allemands..............										
Américains du Nord.....										
Argentins..............										
Arméniens..............										
Autrichiens............										
Belges.................										
Brésiliens.............										
Britanniques...........										
Bulgares...............										
Chiliens...............										
Chinois................										
Colombiens.............										
Cubains................										
Danois.................										
Égyptiens..............										
Espagnols..............										
Finlandais.............										
Georgiens..............										
Haïtiens...............										
Hellènes...............										
Hollandais.............										
Hongrois...............										
Italiens...............										
Japonais...............										
A reporter........										

III. — TABLEAU-STATISTIQUE DES ÉTRANGERS en résidence dans le département d........................ *(Suite.)*

NATIONALITÉS	EXISTANT AU................ (1er janvier ou 1er juillet.)				NOMBRE DE CARTES DÉLIVRÉES AU COURS DU SEMESTRE					
	HOMMES	FEMMES	ENFANTS	TOTAL	A taxe pleine.	A taxe réduite : Agricoles.	A taxe réduite : Industriels.		Indigents.	TOTAL
Report										
Lettons..................										
Lithuaniens..............										
Luxembourgeois.........										
Marocains................										
Mexicains............. ..										
Norvégiens....										
Ottomans................										
Palestiniens.............										
Panaméens..............										
Persans..										
Péruviens...............										
Polonais.................										
Portugais................										
Roumains................										
Russes..................										
Serbo-Croates-Slovènes .										
Suédois..................										
Suisses..................										
Syriens..................										
Tchèques-Slovaques......										
Tunisiens...										
Uruguayens........... ..										
Vénézueliens............										
Divers........										
TOTAUX...........										

IV. — TABLE ALPHABÉTIQUE

Pages.

Pages.

TABLE DES MATIÈRES

MELUN. IMPRIMERIE ADMINISTRATIVE. — M 2613 S

www.ingramcontent.com/pod-product-compliance
Ingram Content Group UK Ltd.
Pitfield, Milton Keynes, MK11 3LW, UK
UKHW021955260726
13994UKWH00004B/1758